Tanaman Pepohonan Untuk Mengusir Dan Menghalau Serangan Hama Belalang (Grasshopper) Dari Lahan Pertanian Versi Bilingual

by

Jannah Firdaus Mediapro
Cyber Sakura Flower Labs

2022

Tanaman Pepohonan Untuk Mengusir Dan Menghalau Serangan Hama Belalang (Grasshopper) Dari Lahan Pertanian Versi Bilingual

Jannah Firdaus Mediapro & Cyber Sakura Flower Labs

Jannah Firdaus Mediapro Publishing
2022

Tanaman Pepohonan Untuk Mengusir Dan Menghalau Serangan Hama Belalang (Grasshopper) Dari Lahan Pertanian Versi Bilingual

Prolog

Tanaman Pepohonan Untuk Mengusir Dan Menghalau Serangan Hama Belalang (Grasshopper) Dari Lahan Pertanian Versi Bilingual Dalam Bahasa Inggris Serta Bahasa Indonesia.

Kesal rasanya jika melihat tanaman hias, buah-buahan, atau pun tanaman sayuran yang sudah dirawat dengan sepenuh hati ternyata rusak karena dimakan belalang. Tak dimungkiri, para pehobi tanaman dan belalang jarang bersahabat. Bagaimana tidak, dengan ukuran tubuh yang kecil, hama belalang bisa merusak tanaman dalam beberapa jam saja. Serangan belalang bisa dikenali dari sisa-sisa daun yang dimakannya. Daun tanaman hias atau sayur akan compang-camping atau berlubang akibat gigitannya. Nafsu makan yang besar dikombinasikan dengan kemampuan untuk dengan mudah melompat atau terbang dari satu tanaman ke tanaman lainnya menjadikan belalang salah satu hama taman yang paling merusak.

Mereka juga salah satu serangga yang paling sulit dikendalikan karena mereka bergerak sangat cepat berkat kaki belakang yang besar dan sayap yang aktif. Mereka tidak hanya dengan mudah berpindah di antara petak-petak taman dalam satu lanskap tetapi juga mencakup jarak yang sangat jauh dari satu lingkungan ke lingkungan lainnya. Untuk mengusir belalang kita dapat menggunakan pestisida alami atau dengan menanam tanaman anti hama yang di benci oleh hama belalang di sekitar kawasan pertanian dan kebun.

It's annoying when you see that ornamental plants, fruits, or vegetable plants that have been cared for with all your heart turn out to be damaged because they are eaten by grasshoppers. It is undeniable that plant and grasshopper hobbyists are rarely friends. How not, with a small body size, grasshopper pests can damage plants in just a few hours. Grasshopper attacks can be recognized from the remains of the leaves it eats. The leaves of ornamental plants or vegetables will be tattered or hollow from the bite.

A large appetite combined with the ability to easily jump or fly from plant to plant make grasshoppers one of the most destructive garden pests. They are also one of the most difficult insects to control as they move very quickly thanks to their large hind legs and active wings. They not only move easily between garden patches within a landscape but also cover great distances from one environment to another. To repel grasshoppers we can use natural pesticides or by planting anti-pest plants that are hated by grasshoppers around agricultural areas and gardens.

1. Daun Ketumbar

Daun Ketumbar (Coriandrum sativum) adalah tumbuhan rempah-rempah yang populer. Buahnya yang kecil dikeringkan dan diperdagangkan, baik digerus maupun tidak. Bentuk yang tidak digerus mirip dengan lada, seperti biji kecil-kecil berdiameter 1–2 mm. Ketumbar mempunyai aroma yang khas yang sangat di benci oleh belalang.

Aroma ini disebabkan oleh komponen kimia yang terdapat dalam minyak atsiri ketumbar. Komponen utama minyak atsir ketumbar adalah linalool, dengan komponen pendukung lainnya seperti geraniol, geranil asetat dan camphor. Dengan menanam daun ketumbar di sekitar lahan pertanian dapat mengurangi serangan hama belalang.

Coriander (Coriandrum sativum) is a popular spice plant. The small fruit is dried and traded, whether or not crushed. The unground shape is similar to pepper, like small seeds 1–2 mm in diameter. Coriander has a distinctive aroma that grasshoppers hate.

This aroma is caused by the chemical components present in coriander essential oil. The main component of coriander essential oil is linalool, with other supporting components such as geraniol, geranyl acetate and camphor. By planting coriander leaves around agricultural land can reduce the attack of grasshoppers.

2. Bawang Putih

Untuk menyingkirkan belalang, serta hama tanaman umum lainnya, gunakan bawang putih. Membuat pestisida alami semprotan larutan bawang putih adalah cara terbaik untuk menerapkan campuran ke tanaman tanpa merusak tanaman sayuran atau kuncup bunga. Semprotan organik ini harus disimpan di tempat yang sejuk, gelap, dan kering hingga dua minggu. aranya, haluskan 6 siung bawang putih dan membiarkannya dalam setengah cangkir minyak mineral semalaman.

Tambahkan 5 gelas air ke dalam campuran dan saring ke dalam botol semprot untuk mendapatkan semprotan yang kuat. Minyak akan mencekik serangga kecil seperti kutu daun dan mempengaruhi belalang dengan cara yang sama seperti mereka berpindah dari satu tanaman ke tanaman lainnya. Cara lainnya, semprotan yang terbuat dari 10 gelas air dan dua siung bawang putih, dihancurkan untuk melepaskan minyaknya. Campurkan kedua bahan tersebut dan masak hingga mendidih. Biarkan larutan selama semalam sebelum menuangkan ke dalam botol semprot.

To get rid of grasshoppers, as well as other common plant pests, use garlic. Making a natural pesticide spray garlic solution is a great way to apply the mixture to plants without damaging the vegetable crops or flower buds. This organic spray should be stored in a cool, dark, dry place for up to two weeks. fig, crush 6 cloves of garlic and leave it in half a cup of mineral oil overnight.

Add 5 cups of water to the mixture and strain into a spray bottle to get a strong spray. The oil will suffocate small insects such as aphids and affect the grasshoppers in the same way they move from plant to plant. Alternatively, a spray made of 10 cups of water and two cloves of garlic, crushed to release the oil. Mix the two ingredients and cook until it boils. Let the solution sit overnight before pouring it into a spray bottle.

Tanaman Pepohonan Untuk Mengusir Dan Menghalau Serangan Hama Belalang (Grasshopper) Dari Lahan Pertanian Versi Bilingual

3. Tembakau

Tanaman tembakau (Nicotiana tabacum) mengandung nikotin. Pestisida nabati yang terbuat dari daun tembakau beracun bagi beberapa serangga, terutama makhluk bertubuh lunak seperti belalang. Seduh 1 cangkir tembakau kering dalam 1 galon air setidaknya selama setengah jam.

Perendaman dalam waktu yang lebih lama menghasilkan pestisida yang lebih kuat. Beberapa pegiat kebun membiarkan campuran tembakau terendam selama sehari. Pestisida yang lebih kuat bekerja lebih cepat, tetapi juga lebih berbahaya bagi serangga taman yang menguntungkan.

Tanaman Pepohonan Untuk Mengusir Dan Menghalau Serangan Hama Belalang (Grasshopper) Dari Lahan Pertanian Versi Bilingual

The tobacco plant (Nicotiana tabacum) contains nicotine. Plant-based pesticides made from tobacco leaves are toxic to some insects, especially soft-bodied creatures such as grasshoppers.

Steep 1 cup of dry tobacco in 1 gallon of water for at least half an hour. Longer soaking results in stronger pesticides. Some gardeners let the tobacco mixture soak for a day. Stronger pesticides work faster, but are also more harmful to beneficial garden insects.

4. Daun Sirsak

Salah satu hama sayuran hidroponik yaitu belalang. Daun sayur yang diserang hama belalang akan rusak, berlobang-lobang. Selain menurunkan kualitas dan kuantitas sayur, dalam kondisi tertentu dapat menyebabkan gagal panen. Salah satu cara untuk mengusir hama belalang adalah dengan menggunakan pestisida nabati dari pohon sirsak. Bagian dari tanaman sirsak yang digunakan adalah daun dan biji. Daun sirsak mengandung senyawa acetogenin, antara lain asimisin, bulatacin dan squamosin.

Pada konsentrasi tinggi, senyawa acetogenin memiliki keistimewaan sebagai anti-feedent. Dalam hal ini, hama serangga seperti belalang tidak lagi bergairah untuk melahap bagian tanaman yang disukainya. Sedangkan pada konsentrasi rendah, bersifat racun perut yang bisa mengakibatkan hama serangga menemui ajalnya. Ekstrak daun sirsak dapat dimanfaatkan untuk menanggulangi hama belalang dan hama-hama lainnya.

One of the pests of hydroponic vegetables is grasshoppers. Leaf vegetables that are attacked by grasshoppers will be damaged, with holes. In addition to reducing the quality and quantity of vegetables, under certain conditions it can cause crop failure. One way to get rid of locust pests is to use vegetable pesticides from soursop trees. The parts of the soursop plant used are the leaves and seeds. Soursop leaves contain acetogenin compounds, including asimisin, bolaacin and squamosin.

At high concentrations, acetogenin compounds have the privilege of being an anti-feedent. In this case, insect pests such as grasshoppers are no longer eager to eat the plant parts they like. Meanwhile, at low concentrations, it is stomach poison which can cause insect pests to die. Soursop leaf extract can be used to treat grasshoppers and other pests. How to make it? Simply mash the soursop leaves until smooth then stir with clean water to get the soursop leaf extract. Spray morning and evening.

5. Horehound

Horehound atau Marrubium Vulgare adalah tanaman yang tumbuh sepanjang tahun. Tanaman ini berasal dari Eropa, Afrika utara, dan Asia barat daya dan tengah. Tanaman horehound memiliki tekstur kasar, beraroma kuat, dan tingginya kurang dari 1 meter (3 kaki).

Daunnya berwarna hijau pucat dan berbulu halus di atasnya. Horehound memiliki bunga kecil berwarna putih. Bunga dan semua bagian tanaman ini digunakan untuk tujuan pengobatan. Tanaman horehound tahan terhadap kekeringan dan dapat tumbuh subur di tanah yang kekurangan air.

Horehound or Marrubium Vulgare is a plant that grows all year round. This plant is native to Europe, northern Africa, and southwest and central Asia. The horehound plant is coarse in texture, has a strong aroma, and is less than 1 meter (3 feet) tall.

The leaves are pale green and downy on top. Horehound has small white flowers. Flowers and all parts of this plant are used for medicinal purposes. Horehounds are drought tolerant and thrive in water-poor soils.

6. Sage

Sage umumnya digunakan dalam makanan, sebagai bumbu dan rempah. Sementara di bidang dalam industri pabrikan sage banyak digunakan sebagai salah satu komponen pengharum di sabun dan kosmetik. Sage merupakan tanaman herbal asli yang berasal dari pantai utara Mediterania.

Tanaman yang memiliki nama ilmiah Salvia officinalis ini masih satu keluarga dengan oregano, lavender, rosemary, thyme, dan basil. Tanaman sage memiliki daun dan bunga berwarna hijau keabuan. Ada sekitar 900 spesies sage yang tersebar di seluruh dunia.

Sage dikenal dapat mengobati berbagai penyakit dari gangguan mental hingga gangguan sistem pencernaan. Kandungan antioksidan pada daun sage juga terkenal sangat bermanfaat bagi kesehatan. Daun sage pun mengandung antioksidan yang cukup tinggi.

Berbagai jenis antioksidan yang terkandung di dalam daun sage adalah lutein, zeaxanthin, polifenol, dan flavonoid. Selain berbagai nutrisi di atas, daun sage juga mengandung zat yang memiliki sifat antibakteri, antiradang, dan antinyeri. Daun sage yang khas sangat tidak di sukai oleh belalang dan berbagai serangga hama lain.

Sage is commonly used in food, as a spice and spice. Meanwhile, in the industrial sector, sage is widely used as a fragrance component in soaps and cosmetics. Sage is an herb native to the northern coast of the Mediterranean.

The plant, which has the scientific name Salvia officinalis, is in the same family as oregano, lavender, rosemary, thyme, and basil. The sage plant has gray-green leaves and flowers. There are about 900 species of sage scattered throughout the world.

Sage is known to treat various ailments from mental disorders to digestive system disorders. The antioxidant content in sage leaves is also known to be very beneficial for health. Sage leaves also contain high levels of antioxidants.

Various types of antioxidants contained in sage leaves are lutein, zeaxanthin, polyphenols, and flavonoids.

In addition to the various nutrients above, sage leaves also contain substances that have antibacterial, anti-inflammatory, and anti-pain properties. The distinctive sage leaves are very disliked by grasshoppers and various other insect pests.

7. Kacang Polong

Kacang polong adalah satu dari sekian banyak jenis kacang-kacangan dengan bentuk fisik bulat, berukuran kecil, dan berwarna hijau khas yang tampak segar. Uniknya, kacang ini kerap digolongkan ke dalam kelompok sayur-sayuran karena sering diolah bersama dengan berbagai sayuran lainnya. Padahal nyatanya jenis kacang yang satu termasuk dalam keluarga legum, yakni tanaman yang menghasilkan biji di dalamnya.

Selain kacang polong, beberapa tanaman lain seperti kacang lentil dan buncis juga masuk ke dalam golongan legum. Kacang polong termasuk salah satu tanaman sayuran yng di benci oleh hama belalang. Setiap butir kacang yang memiliki nama latin Pisum sativum L ini mengandung segudang nutrisi yang baik untuk tubuh.

Kacang polong termasuk salah satu sumber nutrisi alami yang menyumbang banyak antioksidan. Tubuh manusia sebenarnya dapat memproduksi antioksidannya sendiri.

Peas are one of many types of beans with a round physical shape, small size, and a distinctive green color that looks fresh. Uniquely, these beans are often classified into the vegetable group because they are often processed together with various other vegetables.

In fact, one type of bean belongs to the legume family, namely plants that produce seeds in them. In addition to peas, several other plants such as lentils and beans are also included in the legume group. Peas are one of the vegetable plants that are hated by grasshoppers.

Each grain of beans which has the Latin name Pisum sativum L contains a myriad of nutrients that are good for the body. Peas are one of the natural sources of nutrients that contribute a lot of antioxidants. The human body can actually produce its own antioxidants.

Tanaman Pepohonan Untuk Mengusir Dan Menghalau Serangan Hama Belalang (Grasshopper) Dari Lahan Pertanian Versi Bilingual

8. Bunga Lilac

Tak sekadar bunga yang cantik, Lilac telah membawa makna simbolis dalam banyak budaya selama berabad-abad. Dikenal sebagai "Ratu Semak," Lilac adalah tumbuhan semak berbunga dan harum di kebun kita. Anda mungkin mengenalinya sebagai bunga dari kebun nenek, dan faktor nostalgia itu mungkin salah satu alasan mengapa mereka mendapatkan popularitas selama lima tahun terakhir. Bunga-bunga Lilac umumnya berwarna pink, ungu, biru, dan putih.

Sebagian besar varietas Lilac tumbuh setinggi 10 kaki (3 meter lebih) sehingga menambah kelembutan dan keindahan pada taman apa pun. Aroma Lilac menjadikan tanaman ini menonjol di kebun di mana aromanya lebih kuat di bawah sinar matahari penuh dan umumnya digunakan dalam parfum dan sabun. Jika Anda memiliki Lilac di halaman, Anda tahu betapa berharganya melihat mereka mekar.

Sebagian besar bunga hanya bertahan beberapa minggu setiap tahun. Aroma bunga lilac yang harum juga sangat tidak di sukai oleh hama serangga seperti belalang. Dengan menanam bunga lilac di sekitar lahan kebun dapat menghalau serangan hama belalang serta menjadi lebih indah asri.

More than just a beautiful flower, the lilac has carried symbolic meaning in many cultures over the centuries. Known as the "Queen of the Bushes," Lilacs are flowering and fragrant shrubs in our gardens. You might recognize them as flowers from grandma's garden, and that nostalgia factor may be one of the reasons why they have gained popularity over the last five years. Lilac flowers are generally pink, purple, blue, and white. Most lilac varieties grow to a height of 10 feet (3 meters and more) adding softness and beauty to any garden.

The scent of Lilac makes this plant stand out in gardens where the scent is stronger in full sun and is commonly used in perfumes and soaps. If you have lilacs in your yard, you know how rewarding it is to watch them bloom. Most flowers only last a few weeks each year. The scent of fragrant lilac flowers is also very disliked by insect pests such as grasshoppers. By planting lilac flowers around the garden area, you can ward off locust attacks and make it more beautiful.

9. Daun Sirih Hijau

Tanaman sirih merupakan salah satu tanaman yang sering ditanam di pekarangan rumah. Sirih diketahui memiliki banyak manfaat bagi kesehatan tubuh, salah satunya untuk membersihkan infeksi kulit. Tak hanya itu, daun sirih juga bermanfaat dalam bidang pertanian, terutama dalam mengatasi hama.

Daun sirih ternyata sangat berguna dalam bidang pertanian dan bisa menjadi bahan untuk membuat pestisida alami atau nabati. Kandungan dalam daun sirih mempunyai sifat dan daya membunuh kuman (bakteriosid) dan jamur. Beberapa referensi menyebutkan bahwa kandungan dalam daun sirih mampu mengusir ulat, wereng, hama belalang, berbagai jenis kutu, beberapa jenis serangga dan mampu mematikan larva serangga.

Betel plant is one of the plants that are often planted in the yard of the house. Betel is known to have many benefits for the health of the body, one of which is to clean skin infections. Not only that, betel leaf is also useful in agriculture, especially in overcoming pests.

Betel leaf turns out to be very useful in agriculture and can be used as an ingredient to make natural or vegetable pesticides. The content in betel leaf has the properties and power to kill germs (bacteriocids) and fungi.

Some references state that the content in betel leaf is able to repel caterpillars, leafhoppers, grasshoppers, various types of lice, several types of insects and is able to kill insect larvae.

10. Bunga Salvia

Bunga Salvia atau di kenal dengan nama latin salvia divinorum merupakan salah satu spesies dari tanaman bergenus salvia yang paling banyak dijadikan sebagai tanaman hias sekaligus tanaman obat. Tanaman asal meksiko ini berbunga ungu, merah, kuning juga putih.

Yang berbunga ungu sekilas mirip dengan tanaman lavender karena bunganya yang tumbuh bertandan-tandan, daunnya seperti bentuk daun mint, batang, daun dan bunganya berbulu halus. Tanaman ini mengeluarkan aroma wangi harum yang tidak di sukai oleh hama serangga seperti belalang.

Salvia flower or known by the Latin name salvia divinorum is one of the species of the genus salvia plant which is mostly used as an ornamental plant as well as a medicinal plant. This plant from Mexico has purple, red, yellow and white flowers.

The purple flowers at a glance are similar to lavender plants because the flowers grow in bunches, the leaves are like mint leaves, the stems, leaves and flowers are downy. This plant emits a fragrant aroma that is not liked by insect pests such as grasshoppers.

11. Bunga Lantana

Apakah sebelumnya Anda pernah mendengar tanaman tembelekan? Tanaman tembelekan atau Lantana camara memiliki nama lain yang mungkin Anda jauh lebih mengenalnya, seperti bunga lantana, kembang satek, saliraya, mainco, teterapan, tembelek, saliyere, atau cente. Tanaman tembelekan atau bunga Lantana termasuk ke dalam keluarga tumbuhan verbenaceae. Awalnya tanaman ini berasal dari kawasan tropis Amerika.

Bunga Lantana tumbuh bergerombol dan memiliki warna yang bervariasi, seperti putih, kuning, merah, ungu, jingga, dan pink. Tanaman in mengandung berbagai zat yang penting, daunnya mengandung lantadene A dan B, serta minyak (humulene), juga mengandung asam lantat, p-cymene, terpidenem R caryophyllene, a pinene, dan asam lantonalat.

Bunga dan akarnya bersifat hemostatik. Akarnya pun memiliki sifat analgesik, antitoksik, dan antipiretik. Bunga Lantana juga berfungsi sebagai bahan pestisida nabati mengusir hama serangga seperti ulat, tikus dan belalang.

Have you ever heard of the tembelekan plant before? The tembelekan plant or Lantana camara has other names that you may be familiar with, such as lantana flower, flower satek, saliraya, mainco, teterapan, tembelek, saliyere, or cente. The tembelekan plant or Lantana flower belongs to the Verbenaceae plant family. Initially this plant comes from tropical America.

Lantana flowers grow in clusters and have a variety of colors, such as white, yellow, red, purple, orange, and pink. This plant contains various important substances, the leaves contain lantadene A and B, as well as oil (humulene), also contains lantic acid, p-cymene, terpidenem R caryophyllene, a pinene, and lantonalic acid. Flowers and roots are hemostatic. The roots also have analgesic, antitoxic, and antipyretic properties. Lantana flowers also function as vegetable pesticides to repel insect pests such as caterpillars, rats and grasshoppers.

12. Daun Pepaya

Salah satu bahan yang dapat dijadikan pestisida alami adalah daun pepaya. Getah pepaya mengandung kelompok enzim sistein protease seperti papain dan kimopapain.

Serta menghasilkan senyawa-senyawa golongan alkaloid, terpenoid, flavonoid dan asam amino non protein yang sangat beracun bagi serangga pemakan tumbuhan seperti hama belalang.

One of the ingredients that can be used as a natural pesticide is papaya leaves. Papaya sap contains a group of cysteine protease enzymes such as papain and chymopapain.

It also produces alkaloids, terpenoids, flavonoids and non-protein amino acids which are highly toxic to plant-eating insects such as grasshoppers.

Daftar Pustaka

Pfadt, Robert E. (1994). *Field Guide to Common Western Grasshoppers (2nd ed.).* Wyoming Agricultural Experiment Station.

Cott, Hugh (1940). *Adaptive Coloration in Animals.* Oxford University Press.

Hingston, R.W.G. (1927). "The liquid-squirting habit of oriental grasshoppers". *Transactions of the Entomological Society of London.*

Heitler, W.J. (January 2007). "How Grasshoppers Jump". *University of St Andrews.*

Bennet-Clark, H.C. (1975). "The energetics of the jump of the locust Schistocerca gregaria". *The Journal of Experimental Biology.*

Author Bio

"And give good tidings to those who believe and do righteous deeds that they will have gardens in Jannah Firdaus Paradise beneath which rivers flow."

(The Noble Quran)

Tanaman Pepohonan Untuk Mengusir Dan Menghalau Serangan Hama Belalang (Grasshopper) Dari Lahan Pertanian Versi Bilingual

www.ingramcontent.com/pod-product-compliance
Lightning Source LLC
LaVergne TN
LVHW020427070526
838199LV00004B/314